LES RELIQUES

CONSERVÉES DANS LA BASILIQUE PRIMATIALE

DE SAINT-TROPHIME D'ARLES

LES
RELIQUES

conservées dans la basilique primatiale

DE St-TROPHIME D'ARLES

Par M. BERNARD

Archiprêtre d'Arles

AVIGNON

IMPRIMERIE ET LIBRAIRIE SEGUIN FRÈRES

13, rue Bouquerie, 13

LES RELIQUES

CONSERVÉES DANS LA BASILIQUE PRIMATIALE

DE SAINT-TROPHIME D'ARLES

———✳———

L'Église d'Arles, une des plus riches en reliques, a toujours compris l'importance et la valeur de ce trésor qui lui a été légué, et de siècle en siècle augmenté par la sainteté de ses évêques et de ses enfants et par l'importance religieuse et politique de son siège. Entre autres preuves de ce respect et de cette vénération pour ses reliques, on peut citer les translations qu'elle en a faites à différentes époques et la solennité qu'elle a toujours donnée à ces cérémonies.

Au commencement du VIIe siècle, S. Virgile bâtit une nouvelle basilique sur l'emplacement même de celle qui s'était formée par des agrandissements successifs autour de l'oratoire dédié par S. Trophime au premier martyr S. Étienne; le 17 mai 604, il en fit la dédicace entouré de tout son clergé et assisté des évêques de sa province et y rapporta solennellement les reliques de S. Étienne et des autres saints qu'il avait provisoirement déposées dans le sanctuaire de Notre-Dame-de-Grâce aux Alyscamps.

Une translation plus solennelle encore eut lieu au milieu du XIIe siècle, le 27 décembre 1152 : l'archevêque d'Arles, Raimond de Montrond, fit transporter le corps de S. Trophime de la crypte de S.-Honorat des Alyscamps dans la basilique de S.-Étienne, et cette translation prit toutes les proportions d'un évènement. Un témoin oculaire la célébra dans un poëme en langue populaire : un arc de triomphe fut élevé à cette occasion à l'entrée de la primatiale et en devint le portail, le peuple donna dès lors le nom de *S.-Trophime* à l'église où reposaient les restes du saint évêque, et une fête en a depuis rappelé l'anniversaire, chaque année. Le plus ancien inventaire de nos reliques que nous possédions fut fait à cette occasion.

Trois cents ans plus tard, en 1323, Guisbert de Laval fut transféré de l'évêché de Marseille à l'archevêché d'Arles par Jean XXII. Dès sa première visite, sa piété fut attristée de l'état peu décent des châsses de son église, et il fit faire à ses frais un riche reliquaire en vermeil qu'on appela depuis la *Sainte-Arche*, et dans lequel il renferma les reliques de la vraie Croix, celles de S. Trophime et de plusieurs autres saints.

La Sainte-Arche était un carré long et pouvait avoir 3 pieds au moins de longueur sur 1 pied et demi de largeur et autant de hauteur. Sa forme extérieure représentait une église gothique : il y avait au milieu une tour carrée et à jour sous laquelle était la statue de S. Trophime qu'on y voyait assis. Les quatre angles du coffre étaient surmontés d'une tour en forme d'obélisque, et tout autour étaient les statues des apôtres et de plusieurs autres saints, chacun dans une niche. Le toit de la Sainte-Arche était orné d'une espèce d'attique ou balustrade à dentelles (1).

La sainte Arche était gardée dans un appartement voûté, une chapelle supérieure, qu'on avait fait construire dans le clocher. A toutes les fêtes solennelles d'abord, puis la veille de S. Trophime seulement, on descendait cette châsse de la voûte de l'église au son des cloches et au chant des hymnes en musique. La châsse était déposée sur un autel préparé pour cela et y restait jusqu'à la fin des vêpres du lendemain ; on le remontait avec la même solennité (2).

(1) Pierre Véran. *Église d'Arles*, t. I.
(2) Note de M. Robolly, archiviste de la ville d'Arles. — 1838.

Plus tard on trouva que les manifesta-
tions de la piété à l'occasion de cette cé-
rémonie prenaient un caractère trop
bruyant, la chapelle haute fut détruite et
la Sainte-Arche renfermée dans la sacris-
tie. La veille de S. Trophime, tout le chapitre en chape allait prendre la précieuse
châsse. Les chanoines, une torche à la
main, précédaient les saintes reliques ; la
musique accompagnait l'hymne de la fête;
toutes les cloches sonnaient. La procession faisait tout le tour de l'église et arri-
vait au sanctuaire par la nef du milieu ;
la châsse était déposée sur une table dis-
posée en forme d'autel et garnie de chan-
deliers à chacun desquels les chanoines
déposaient leurs torches.

Pendant la Révolution, la Sainte-Arche,
comme toutes les châsses en argent, fut

brisée et fondue et les reliques qu'elle renfermait furent profanées et dispersées. Ce précieux trésor ne fut cependant pas perdu tout entier et, quand la paix fut rendue à l'Église, on rapporta ce qu'on en avait soustrait avant la profanation ou ce qu'on avait pu en recueillir depuis. Dès 1803, un état de toutes ces reliques fut dressé par une commission nommée par Mgr de Cicé. En 1838, Mgr Bernet chargea une nouvelle commission de compléter ces premiers travaux. Après un long et minutieux examen de toutes les reliques qui lui étaient présentées et des titres qui les accompagnaient, cette commission soumit les procès-verbaux de toutes ses séances à M. Jaquemet, vicaire-général d'Aix, délégué pour prononcer en dernier ressort sur leur authenticité.

Le 16 juin 1839 fut une fête à la fois touchante et solennelle pour Arles. C'était un dimanche ; dès la veille, chaque paroisse avait exposé ses reliques et les cloches de la ville avaient annoncé la solennité du lendemain. Les reliques de la primatiale, les plus nombreuses et les plus considérables de toutes, avaient été déposées dans une salle de l'archevêché : le clergé alla processionnellement les y prendre et les exposa dans le sanctuaire sur un autel chargé de cierges et de fleurs. Tout le dimanche on vint prier devant les reliques dont on avait tant entendu parler, mais que beaucoup n'avaient jamaient vues, et quand le soir, après les vêpres, elles furent portées à travers la ville, toutes les rues par lesquelles elles passaient étaient tapissées, jonchées de fleurs et pavoisées.

Il est triste de le dire, mais ces reliques saluées avec tant d'enthousiasme et de joie, le 16 juin 1839, étaient presque complètement oubliées depuis. Elles sont restées 45 ans dans une armoire pliées dans de simples papiers ou enfermées dans de pauvres boîtes de carton, de fer blanc et de bois ou dans de vieilles châsses vermoulues. L'existence et la présence de ces reliques a été comme une révélation, et ceux mêmes qui en avaient connu l'existence les croyaient de nouveau perdues ; à force d'en entendre parler, on a fini, enfin, par s'y intéresser et s'en préoccuper. La piété s'est émue : le chef de S. Étienne, les ossements de S. Trophime, de S. Genès et de S. Roch ont eu de riches reliquaires et, le mouvement une fois donné, dans un élan de sainte et généreuse émulation, chacun a voulu contribuer pour sa part à offrir une châsse à quelqu'un de nos saints. Mais pendant que chacun s'inspirait ainsi d'une dévotion spéciale, une de ces âmes qui savent faire grandement les choses, a voulu honorer tous nos saints à la fois, et elle a fait richement décorer une chapelle destinée à recevoir toutes leurs reliques. Dieu a pour agréable l'honneur rendu à ses saints, et, comme autrefois quand il s'agit de l'Arche, il a répandu son esprit sur tous ceux qui ont concouru à la décoration de cet oratoire, et a rempli d'intelligence et de goût l'ouvrier qui a conçu et exécuté le riche et élégant travail qui en ferme l'entrée.

La translation de 1884 ne le cédera donc en rien aux précédentes translations.

Elle sera présidée par le successeur de S. Virgile, de Raimond de Montrond et de Guisbert de Laval ; les évêques d'O-range, de Vaison, de Carpentras et d'A-vignon qui vinrent à Arles, en 1152, y reviendront encore dans la personne de leur successeur ; la poésie populaire a célébré la translation de 1152 : l'éloquence célèbrera celle de 1884.

D'ailleurs, malgré les profanations de la fin du siècle dernier, le trésor de la primatiale n'a pas perdu toutes ses ri-chesses. Il suffira, pour s'en convaincre, de parcourir l'inventaire rapide de tout ce qui lui reste des reliques de la vraie Croix ou des ossements de ses saints.

I. — LA VRAIE CROIX

Les reliques de la vraie Croix que possède la primatiale lui viennent de trois différentes sources :

1. *De la Sainte-Arche*. L'inventaire fait en 1152 mentionne une relique insigne du bois de la Croix donnée à l'église d'Arles par l'empereur Constantin-le-Grand. Quand la Sainte-Arche fut brisée en 1793, cette relique fut sauvée de la profanation : on sait entre quelles mains elle a passé successivement depuis, et deux fragments considérables nous viennent de cette source quoique par différentes voies.

2. *De Rome*. Clément XI avait de-

mandé et reçu des reliques de S. Trophime ; en retour il envoya à l'archevêque d'Arles, Mgr de Mailly, en 1706, une relique de la vraie Croix dans un reliquaire en cristal de roche monté sur argent.

3. *De Paris*. Un riche reliquaire en cristal de roche monté sur argent contient une parcelle du bois de la vraie Croix et trois parcelles de la couronne d'épines. La relique et le reliquaire ont été donnés le 1er décembre 1804 par S. E. le cardinal de Belloy, archevêque de Paris.

II. — Patrons de la ville d'Arles

La ville d'Arles avait pour principaux patrons S. Trophime, son premier apôtre, et S. Étienne, le titulaire de l'église

primatiale. Elle honorait comme ses patrons secondaires S. Marc, S. Sébastien, S. Genès, S. Antoine et S. Roch : les fêtes de tous ces saints étaient chômées jusqu'à midi. La primatiale a des reliques de tous ses patrons à l'exception de S. Marc.

1. *S. Trophime.* — Nos reliques de S. Trophime, quoique peu considérables, viennent de trois sources : 1° *de la Sainte-Arche* : recueillies en 1793 par M. Coste, curé intrus de S. Trophime, elles furent remises par lui à la famille Chapus qui les donna à M. Morel, alors curé de S.-Julien. 2° *De l'île de Malte.* Arles lui avait autrefois donné des reliques de S. Trophime ; Arles lui en demanda une parcelle quand toutes celles qui lui restaient eurent été perdues, et il fut répondu

favorablement à cette demande le 13 mars 1796. 3° *De la famille Tourame*. Dans le procès-verbal d'une visite des reliques de la paroisse de Sainte-Croix, qu'il fit le 17 août 1754, par ordre de Mgr de Jumilhac, M. Jean-Esprit Jéhan, capiscol du chapitre de la Major, dit avoir donné à M. de Loinville, curé de la paroisse de Ste-Croix, une portion des reliques de S. Trophime que possédait cette église. Celui-ci en mourant laissa ces reliques à son ami, M. Léonard, curé de S. Julien, et M. Léonard à son tour, en partant pour l'émigration, les laissa en dépôt entre les mains d'une femme pieuse. En 1839, à l'époque de la réhabilitation des reliques, elles se trouvaient entre les mains de la famille Tourame qui consentit à en donner une partie.

S. Étienne. — Le crâne de S. Étienne
se trouvait déjà à Arles en 604, puisqu'il
en est fait mention dans la translation
des reliques qui fut faite alors du sanctuaire de N.-D.-de-Grâce, dans l'église
bâtie sous son invocation. L'inventaire
de 1152 dit que S. Trophime l'avait apporté avec lui en venant de Jérusalem.
Il était dans une châsse en argent repré-
sentant le buste du saint. La châsse fut
brisée en 1793 : et les précieuses reliques
jetées dans une cave. Un sacristain, qui
avait tout vu, s'y glissa par un soupirail,
quand les profanateurs se furent éloignés;
il en retira tous les ossements qu'il put
recueillir et, en particulier, le crâne de
S. Étienne qu'il était plus facile de re-
connaître ; puis, se glissant presque cou-
ché sur le plafond de la salle de réception

de l'archevêché, il y cacha cette grande et sainte relique ; il ne l'en retira que quand l'église de S. Trophime se rouvrit, avec le titre de paroisse et il la donna au prêtre intrus qui la desservait ; celui-ci à son tour, la remit aux administrateurs de l'église, contre une déclaration du 16 août 1797.

S. Genès. — S. Genès était greffier, ou plutôt sténographe, du préfet romain. Quoique païen, il refusa de transcrire un édit de persécution contre les chrétiens, et fut baptisé dans son sang de l'autre côté du Rhône. Trinquetaille avait eu le sang du martyr, Arles revendiqua son corps, et la Primatiale le possède à peu près tout entier.

S. Roch. — Le maréchal de Boucicaut

avait été chargé de mettre fin par les armes aux troubles religieux qui divisaient l'Église et le midi de la France en particulier, après la mort de Grégoire XI. Il fut assez heureux pour y réussir et, en passant à Montpellier, en 1399, il demanda et reçut pour prix de ses services une portion considérable du corps de S. Roch ; plus tard, il donna ces saints ossements à la maison des Trinitaires d'Arles ; et ils sont dans la Primatiale depuis la Révolution.

S. Antoine. — Les grandes reliques de S. Antoine du désert sont dans l'église de St-Julien. Les moines bénédictins de Montmajour les y avaient déposées pour les mettre plus sûrement à l'abri des attaques et des surprises des Antonins de Vienne ; elles n'en sortaient jamais que

sous une forte escorte et toutes les portes
de la ville fermées. La question des reliques de S. Antoine a passionné les Ar-
lésiens et les Viennois en plein XIXe
siècle ; mais les Viennois ont beau dire,
le corps de S. Antoine est à Arles. *Viri
Arlatenses, quidquid dicant Viennenses,
habetis Antonium.* La Primatiale a parmi
ses reliques un ossement du grand pa-
triarche des cénobites.

S. Sébastien. — Une attestation d'authenticité qui se trouve dans les anciennes écritures du notaire Philippe Man-
doni prouve que les reliques de ce saint
étaient à Arles en 1477. Elles étaient, à
l'époque de la Révolution, dans l'église
des Pères dominicains. La Primatiale a
de ce grand Saint, deux ossements considérables et plusieurs autres moindres

ossements. La ville lui avait fait un vœu dans un temps de peste et avait depuis chômé sa fête comme celle de ses patrons secondaires.

III. — Saints Apotres

S. Mathieu. — Les reliques de S. Mathieu nous viennent de la Ste-Arche, et ce sont les seules reliques qui nous restent de toutes celles des saints Apôtres qu'elle renfermait.

S. André. — La présence de la croix de S. André dans l'église abbatiale de St-Victor est une des plus anciennes traditions de l'église de Marseille. Elle y avait été apportée au commencement du V⁰ siècle par un roi des Burgondes, Stépha-

nus, qui l'aurait enlevée de Patras, en
Achaïe, lieu du martyre du saint Apôtre,
et l'aurait déposée dans les catacombes de
St-Victor, après s'être emparé de Marseille en 401. Au VIIIe siècle, elle était
sous la garde des bénédictines, qui surent
si courageusement mourir avec leur abbesse, sainte Eusébie. On crut longtemps
qu'elle avait été brûlée avec le monastère par les Sarrasins ; mais en 1250, le
P. Hugues, moine sacristain de St-Victor,
apprit par révélation la présence de la
sainte relique sous les ruines faites par
les barbares. Des fouilles furent faites,
elle fut retrouvée et solennellement trans-
portée dans la grande abbaye, où elle fut
vénérée jusqu'à la Révolution. En 1790,
elle fut secrètement enlevée par un prêtre
du bas-chœur de St-Victor, et emportée

dans sa maison de campagne, voisine d'Aubagne. On la croyait de nouveau perdue, lorsque, le 27 décembre 1855, elle fut retrouvée par un religieux bénédictin de Marseille, le P. Dom Bérengier, et c'est par l'intermédiaire de ce Père que la Primatiale a obtenu, le 12 juin 1884, une parcelle de la croix de S. André, du révérendissime P. Dom Gauthey, abbé de Ste-Madeleine de Marseille.

IV. — Saints Martyrs

S. Laurent. — L'ossement de S. Laurent que la Primatiale possède paraît calciné et porte, roulée, une bande de parchemin avec ces mots : *Reliquiæ S. Laurentii, martyris*.

S. Vincent. — Dans un procès-verbal
du 2 mai 1676, il est dit qu'un ossement
du glorieux S. Vincent, martyr, a été apporté de Rome et remis au curé de
N.-D. la Principale,

S. Symphorien. — Les reliques de
S. Symphorien nous viennent des Trinitaires d'Arles. D'après une attestation du
P. Philippe Maurel, ministre du couvent
de la Ste-Trinité de cette ville, un ossement de S. Symphorien, très anciennement entre les mains des Trinitaires d'Arles, fut retiré le 14 novembre 1648, d'un
vieux reliquaire qu'on portait très anciennement en procession, et mis dans un
reliquaire en argent. Mgr de Bausset re-
connut, le 21 mai 1820, l'authenticité de
cette relique, qu'il trouva dans un état
parfaitement conforme à la description

qui en avait été faite par M. de Girard, vicaire-général de Mgr de Grignan, le 10 août 1674.

S. Lucien, prêtre d'Antioche. — Charlemagne avait apporté ces reliques en France, et il les fit donner à l'église d'Arles, par Turpin, archevêque de Reims. Elles furent déposées dans l'église de N.-D. du Temple, ainsi appelée parce qu'elle était près d'un temple de Minerve. Cette église s'appelle depuis St-Lucien.

S. Didier, évêque de Vienne. — Les reliques de S. Didier étaient dans un oratoire des Alyscamps, dédié à ce saint. L'oratoire fut démoli à l'époque des guerres de Charles-Quint, en Provence, et les reliques du saint sont depuis lors dans l'église de S. Trophime.

S. Georges. — Une des plus anciennes églises d'Arles avait été dédiée à S. Georges, vers l'an 900. Elle fut démolie en 1617, et la paroisse érigée sous ce titre fut unie à N.-D. la Principale. C'est de N.-D. la Principale que nous vient la relique du saint.

S. Aurélien, martyr. — Une note de M. Morel, archiprêtre d'Arles, atteste que cette relique provient de la Ste-Arche.

S. Gaudence. — Dans un procès-verbal du 18 octobre 1663, M. de Girard, vicaire et official-général de Mgr de Grignan, dit que les reliques de S. Gaudence, consistant en une partie du crâne, avaient été données à l'archevêque d'Arles par l'archevêque d'Avignon.

S. Fidèle. — Un ossement assez considérable se trouve parmi nos reliques sans autre indication que ces mots, collés sur l'ossement lui-même : *S. Fidelis, mart.*

S. Hyacinthe. — Le corps de S. Hyacinthe, martyr, pris dans les cimetières de Rome, fut donné le 5 novembre 1664 à l'archevêque d'Arles, Mgr de Grignan, par le cardinal Chigi, légat à Avignon, au nom du pape Alexandre VII

S. Priscus. — Avec les reliques de S. Hyacinthe, étaient quelques autres ossements, ainsi désignés : 9 fragments d'os, partie du carpe, partie du tarse, avec un écriteau portant ces mots : *S. Priscus, M. cumsocius.*

Reliques tirées du cimetière de Ste. Priscille. — M. de Chavary, page du cardinal de Vendôme, apporta de Rome,

avec une attestation d'authenticité déli-
vrée par le cardinal-vicaire, en date du
24 juillet 1667, des ossements tirés du
cimetière de Ste-Priscille, des saints martyrs *Primitif, Hyacinthe, Sévère, Amant,
Fortuné, Victor, Alexandre, Sérénian* et
Véréconde.

*Reliques tirées du cimetière de St-Cy-
riaque.* — Des reliques de *S. Clément,*
martyr, et de *Ste Modeste,* que le cardinal-vicaire atteste, le 1er novembre 1701,
avoir été prises dans le cimetière de St-
Cyriaque, ont été données à l'église de
St-Julien, par la famille de Cays, et la
Primatiale en a une portion.

*Reliques tirées du cimetière de St-
Pontien.* — Une attestation du cardinal-
vicaire en date du 6 décembre 1755 as-

3

sure l'authenticité des reliques des saints
martyrs *Bénigne, Innocent, Modestin* et
de *Ste-Tranquille,* toutes prises dans le
cimetière de St-Pontien.

Crâne d'un des saints Innocents. —
Cette relique est mentionnée dans l'inventaire de 1152, et le poème de la translation de S. Trophime en parle. La commission de 1838 dit dans son rapport :
Ce crâne présente sur le front une place
en forme de cœur très-luisante, qu'on ne
saurait attribuer qu'à l'application des
lèvres des fidèles, à la vénération desquels
cet ossement a été exposé pendant des
siècles. Il est d'ailleurs de notoriété pu-
blique que le crâne d'un des saints Innocents était conservé dans le trésor du
chapitre d'Arles.

V. — Saints Évêques et Confesseurs

S. Honorat, évêque d'Arles (426-429).
— Le corps de S. Honorat resta dans la
crypte de N.-D.-de-Grâce jusqu'à la fin
du XIVe siècle. Le prieur de N.-D.-de-
Grâce, à cette époque, était en même
temps prieur de Garagobie. Sous prétexte
que les hommes d'armes qui parcouraient
la contrée pouvaient profaner les reliques dont il avait la garde, il prit secrètement le corps de S. Honorat et l'em-
porta à Garagobie. Ne voulant plus rap-
porter ces reliques à Arles, et persuadé
que nulle part on n'y attacherait plus de
prix qu'à Lérins, il s'en alla voir un pa-
rent qu'il avait dans ce monastère, lui fit
connaître le trésor qu'il avait en sa pos-

session, et lui promit de le donner si on
consentait à le recevoir comme religieux.
L'abbé, Jean de Tournefort, accepta
cette condition, et le fit accompagner à
Garagobie, où il allait chercher le corps
du saint, par deux religieux. A leur retour, les deux religieux eurent des dou-
tes sur la sincérité de leur compagnon,
et se demandaient si c'était bien le corps
de S. Honorat qu'ils rapportaient ; mais
un d'eux étant tombé gravement malade,
se trouva subitement guéri par les reliques du saint, et il ne leur resta plus
aucune inquiétude. Cette translation se
fit le 20 janvier 1391. Depuis cette époque, Arles ne possédait plus rien de
S. Honorat. Le révérendissime Père Abbé
des Bénédictins de Ste-Madeleine de
Marseille a bien voulu donner à la Pri-

matiale une parcelle du crâne du saint fondateur de Lérins, et cette relique a été reçue avec la plus vive reconnaissance le 12 juin 1884.

S. Hilaire, évêque d'Arles (429-449). — L'authenticité des reliques de S. Hilaire est attestée par un procès-verbal de Mgr de Barrault, en date du 20 mars 1633. Elles consistent en quelques ossements.

S. Césaire, archevêque d'Arles (502-542). — S. Césaire avait fait disposer dans le monastère qu'il avait bâti pour Ste Césarie un cercueil en pierre, tout près de celui où reposait sa sœur. C'est là que son corps fut déposé selon ses désirs. Lorsque, à l'époque des invasions des Sarrasins, les religieuses de St-Césaire vinrent se mettre à l'abri des remparts, elles emportèrent avec elles les ossements du saint évêque et les gardèrent pieusement jusqu'à la fin du siècle dernier. Craignant alors les outrages de nouveaux barbares, elles firent porter toutes ces reliques dans l'église de la Major. C'est là qu'on les trouva en 1804, dans un sac assez grand en soie rouge, ayant pour inscription : *Fragments des ossements de S. Césaire.* Chaque paroisse reçut une portion de ces ossements.

S. Virgile, archevêque d'Arles (588-610). — Les ossements de S. Virgile que la Primatiale possède ont été recueillis dans le tombeau du saint, placé dans la chapelle souterraine des Alyscamps.

Le B. Louis Alamand, cardinal, arche-

vêque d'Arles. (1423-1450). Il mourut à Salon le 16 septembre 1450. Son corps fut rapporté à Arles et inhumé dans le chœur de la Primatiale. Dieu rendit aussitôt ce tombeau glorieux par une multitude de miracles qui s'y faisaient par son intercession. Le pape Clément VII permit enfin de relever son corps et de l'exposer à la vénération des fidèles, en le déclarant bienheureux par une bulle du 9 avril 1527, qu'il adressa aux chanoines de St-Trophime. La Primatiale a le corps du Bienheureux à peu près tout entier avec une chasuble et une étole qui lui ont appartenu.

S. Bertulfe, abbé de Bobio. — Il y avait anciennement dans le cimetière des Alyscamps un oratoire dédié à S. Bertulfe, et cet oratoire, ruiné et restauré

plusieurs fois, fut définitivement démoli
à l'époque des guerres de Charles-Quint
en Provence. Les reliques du saint abbé,
qui y étaient vénérées, furent rapportées
à St-Trophime et y sont depuis. Il en était
déjà question dans l'inventaire de 1152.

S. Isidore, docteur. — Les reliques de
S. Isidore, que possèdent les paroisses de
S. Trophime et de S. Julien, proviennent
de l'ancienne paroisse dédiée à ce saint,
près de la porte de la Cavalerie et unie à la
paroisse de S. Julien, le 6 mars 1687 par
Mgr de Grignan, à la prière des chanoines de S. Trophime.

S. Julien. — Ce saint, qui est le titulaire d'une des paroisses d'Arles, fut
longtemps honoré sous le titre de martyr.
Dans le propre publié par Mgr du Lau-

rens, sa légende est au 9 janvier, et il a
le titre de martyr. La châsse qui renfermait ses reliques et qui a subsisté jusqu'à
la Révolution portait aussi les attributs
du martyre. Mgr de Grignan, dans son
nouveau propre, le qualifia de confesseur
et mit sa fête au 12 février. Les reliques
de la Primatiale portent cette inscription : *Reliquiæ S. Juliani, martyris.* Il
est cependant honoré dans sa propre
église comme confesseur.

VI. — Saintes Vierges et saintes Femmes

Ste. Marthe. — Les reliques de la Primatiale proviennent du tombeau de la
sainte à Tarascon, et ont été données par
M. Eisseris, archiprêtre de Ste-Marthe.

Ste Barbe, vierge et martyre. — M.
de Girard, vicaire et official général de
Mgr de Grignan, atteste qu'une personne
de piété lui a donné, en 1674, un ossement de Ste Barbe, et c'est celui que la
primatiale possède.

*Ste Ursule et ses compagnes, vierges
et martyres.* — Les reliques de Ste Ursule et ses compagnes reposaient dans
l'église de S.-Pierre et S.-Paul aux Alyscamps. Par une lettre du 5 octobre 1617,
Mgr Gaspard du Laurens accordait 40
jours d'indulgence à tous les fidèles qui
visiteraient cette église, où reposent les
restes de Ste Ursule et de ses compagnes,
le dimanche le plus rapproché du 28 octobre.

Ste Rusticule, abbesse du monastère de

S.-Césaire. — Le corps de Ste Rusticule fut déposé d'abord dans la basilique de Ste-Marie, une des trois églises que S. Césaire avait fait bâtir pour son monastère. Plus tard, ces précieuses reliques furent portées dans la primatiale qui les possède encore. La tête resta dans le monastère de S.-Césaire jusqu'à la Révolution, et elle est aujourd'hui dans l'église de la Major.

Ste Anne, mère de la Ste Vierge. — Ces précieuses reliques étaient dans un buste en vermeil dans l'église de Notre-Dame-la-Principale, ce qui faisait donner par le peuple à cette église le nom de Ste-Anne. Elles consistent en deux ossements et sont aujourd'hui dans le trésor de la primatiale.

Les Stes Maries. — Les deux ossements que la primatiale possède, un de *Ste Marie Jacobé*, l'autre de *Ste Marie Salomé* proviennent de deux reliquaires de M. Morel, scellés du sceau de Mgr Chalandon, et dont toutes les reliques sont reconnues comme authentiques.

Ste Julitte, martyre. — Ste Julitte, mère de S. Cyr, souffrit le martyre, avec son jeune enfant âgé de trois ans, à Tarse en Cilicie, en 304, pendant la persécution de Dioclétien. S. Amatre, évêque d'Auxerre, rapporta d'Antioche, dans un voyage qu'il fit en Orient, les reliques de S. Cyr et de Ste Julitte, et en donna une portion aux religieuses cassianites de Marseille : c'est de là probablement que viennent celles d'Arles. Elles furent don-

nées d'abord aux Trinitaires, qui les ont
conservées jusqu'à la Révolution : elles
sont dans le trésor de la primatiale depuis.

Un vieil inventaire des reliques de la
primatiale, fait le 8 janvier 1293, après
une longue énumération de saints, dit :
*Et sunt aliæ multæ reliquiæ sanctorum
quorum nomina Deus scit et omnes sancti,
nos autem ignoramus.* Après avoir énu-
méré les reliques dont les noms sont
connus, nous pouvons nous aussi ajou-
ter : Il y en a bien d'autres encore, Dieu
et les saints savent à qui elles appartien-
nent, nous, nous l'ignorons. Ces saints,
dont les noms nous sont inconnus, sont
ceux dont les châsses furent brisées et les
reliques profanées pendant la Révolution.
Parmi ces ossements qui remplissent une

grande châsse, se trouvent en grande partie nos reliques les plus précieuses et en particulier celles des apôtres que renfermait la Sainte-Arche et le corps de S. Trophime presque tout entier.

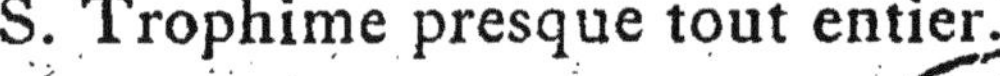

www.ingramcontent.com/pod-product-compliance
Ingram Content Group UK Ltd.
Pitfield, Milton Keynes, MK11 3LW, UK
UKHW021643090726
13657UKWH00004B/1736